JN437152

커피보다 쓴 유혹

당진문화재단
2018 **당진올해의문학인** 선정작품집

커피보다 쓴 유혹

| 박 민 식 시집 |

도서출판 천우

● 시인의 말

글 한 줄 지어 낮달에 걸어두니 글자들이 포롱포롱 새가 되어 날아갑니다. 글 한 줄 지어 흐르는 구름에 매어두니 파랑파랑 바람이 되어 흩어집니다. 새가 되고 바람이 된 글자들이 단풍나무 잎사귀에 옻나무 잎사귀에 머물러 붉게 붉게 물듭니다. 그렇게 가을이 찾아오고 추수가 끝나고 상강이 지나고 입동입니다. 밤새도록 내린 비에 은행잎도 느티나무잎도 다 떨어져 비에 젖은 가지와 까치집만 남았습니다. 이것으로 가을도 끝인가요, 또 한 해가 가네요.

그동안 갈피갈피 모았던 사연들로 글을 지어 책을 만드니 부끄러움이 또 하나 생겼습니다. 그러나 해산은 해야겠기에 지어낸 글들이 바람에 날아가든 누구의 가슴에 머물든, 씨앗이 되어 꽃이든 풀이든 싹이나 피어나길 바랄 뿐입니다.

모자란 저를 많은 분들이 사랑으로 후원해주고 지지하여 주었습니다. 사랑 없이는 이렇게도 못난 글이 세상에 나오지 못했을 겁니다. 감싸주신 모든 분들께 감사드립니다. 이후로 더 좋은 글과 사랑으로 보답하기 위하여 노력하겠습니다.

박민식

제1부

별

● 시인의 말

제2부

이월의 이틀은 어디로 갔을까

제3부

생명은 사랑

제4부

바람이 유죄

제5부

커피보다 쓴 유혹

제1부

별

굴뚝 연기

산기슭 멈춰선 연기를 따라 굴뚝을 내려가면
부엌에서 어머니가 여덟 식구 밥을 한다
잿불에 익어 가는 감자를 기다리며
삼십 촉 백열등 아래 누이가 쪼그려 책을 읽고
막내는 부엌 바닥에서 동무들과 놀던 여운으로
혼자 공기놀이를 하며 노래를 한다
밥 짓는 불로 다려진 온돌방엔
할머니가 화투로 재수(財數)를 두고
야간 근무를 하신 아버지가 주무시고 계신다
누나는 물 길러 우물에 가서 아직 오지 않고
형은 혼자 건넌방에서 공부를 한다
오십천 강가에서 지치도록 놀다가
굴뚝 연기 따라 집으로 온 나
밥 짓는 냄새 맡으며 엄마 곁에서 잠이 든다
저녁연기는 나를 그리로 데리고 간다
어머니 집에서 천 리 떨어진 곳
산기슭에 멈춰선 연기가
오십 년 전 그리로 데리고 간다

그날엔 눈썹이 하얗게 세네

아직도 그날엔 눈썹이 하얗게 세네
해 질 녘까지 뛰어다녀
지친 눈꺼풀이 마냥 내려오면
성냥개비를 부러뜨려 눈꺼풀을 받히고
알밤 대추에 눈독 들여 자정까지 버텼는데
언제 잠이 들었는지
절도 못 하고 차례상은 치워지고
비춰주는 거울을 보니 눈썹이 하얗다
세수도 못 하고 퉁퉁 부어 아침상에 앉으니
여기저기 웃음꽃이 피는데
나는 눈썹이 쇠어
세뱃돈 못 받을까 걱정이 태산이다
지금은 다른 걱정으로 자려고 해도 잠을 못 자
눈썹이 하얗게 센다
처음 눈썹이 하얗게 세던 그날과 한해씩 멀어져
머리가 하얘진
이제는 먼 섣달그믐

까치꽃 꽃 따기

강변길 풀 더미에 파란 꽃 눈곱만한 꽃
은하의 별들이 소풍 나온 듯
반짝반짝 깨물어주고 싶어
찻잔에 우려내면 너무 황홀할 것 같아
버드나무 아래 쭈그려 앉아 죄송스레 꽃을 땄다
햇볕 아래 졸릴 때까지
따도 따도 지천
손수건에 담고 또 담았는데
하도 작아 한 줌도 되지 않는다
그래도 손톱 밑에 풀물 들고
향기가 손수건 속에 가득
노랑나비 한 마리 쉬고 가려다
앉을 곳 없어 킁킁대다 가고
길 가던 이가 궁금해하기에 보여줬더니
'세상에, 은하수를 퍼왔네' 하고 눈을 가늘게 뜬다
사오일 지나면 지천이던 까치꽃 봄 따라갈 텐데
봄이 머문 자리라 손은 자꾸 느려지고
속눈썹에 앉은 햇살이 소복소복 다독여
눈꺼풀이 까치꽃 꽃잎이 되려 한다

내 부끄러움 꽃이 되어 피어나라

내 부끄러움 꽃이 되어 피어나라
하염없이 창가에 서서 담 너머 보다가
갈래머리 뿔테안경 내 부끄러움
학교를 마치고 집에 오는 모퉁이
마주친 눈 환한 웃음 눈이 부셔
얼른 숨어 숨도 쉬지 못했다
담 너머 동갑내기 딱 한 번
릴케 시집을 건네주다
스친 손길 영원한 순간
수수꽃다리 담 위로 가득 피어 향기가 밀려왔는데
왜 별이 쏟아졌는지 왜 파도가 밀려왔는지
그때는 몰랐는데
그 말과 그 웃음이 하루하루를 뺏어갔다
부끄러움은 보고 싶은 몸살로 더욱 부끄러워
창밖을 보는 것조차 부끄러워
얼른 피하다가 눈이 마주쳐 손을 들어 주었는데
마주 보는 얼굴 더 보고 싶어
몸살 나듯 보고 싶은데
아무렇지도 않은 척 눈길을 거둔 것이 너무 부끄러워
창문 아래 콩콩 뛰는 가슴 심장 뛰는 아픔을 처음 느꼈다
내 부끄러움은 아버지를 따라 이사를 가고
하염없이 세월이 가고

자식 놈이 군대를 제대하고 대학 4학년인데
이 사람 저 사람 사람 사는 소식에 내 부끄러움
두 딸을 시집보내고 손주를 보았다 한다
나는 지나는 구름을 보며 40년도 넘은 세월을 세어 본다

꽃아 피지 마라

잠시 봄바람 분다고 봉오리 진 꽃아
피지 마라 피지 마라
고운 님 날 보려 언덕길 내려올 때
그날 그때 피어나라
꽃길 되게 피어나라
우리 님 바지 적삼
꽃물 들게 피어나라
님 보시는 내 얼굴
꽃물 들게 피어나라

늦봄, 너무 졸려

나는 너무 졸려 꿈속에서도 잠을 잤다
하늘은 오후 두 시를 지나고
조팝 피고 씀바귀 피고
멀리 뻐꾸기 울고
햇살이 우물가 빨래터에 부서지고
책을 끌어안고 창가에 엎드린 늦은 봄
나는 잠을 자면서도 졸렸다

눈, 가로등

가로등 불빛에 눈꽃이 핀다
어둠 속 갓 아래 하얀 꽃밭
반짝이는 꽃송이가 활짝 피어난다
바람 따라 흔들리며
불빛 속에 피었다가
어둠 속으로 꽃이 진다

달이 증인

달님이 증인이다
그 골목에 가로등 하나 있었지만
제대로 본 것은 달님뿐
그림자는 하나였지만
우리가 아무 일 없이 손잡고 그냥 걸었던 것
장미꽃 담 위로 피어 향기 가득하여 마주 본
어설픈 눈 맞춤에 달빛이 초롱초롱 더욱 밝아
발길이 머물러 잠시 떠나지 못하였을 뿐임을

똥 싸 놓고 비냐?

어머니는 절대 오 남매
때 쓰는 걸 들어 주지 않으셨다
뭔가 투정이라도 부리면
"똥 싸 놓고 비냐?"가 답이다
어머니 생애 그놈의 똥 때문에
머리에 이고
등에 지고
어떻게든 똥들이 먹을 것을 만들어 나르느라
등뼈가 내려앉고 근육이 쪼그라드셨다
구십 어머니가 보시면 요즘 엄마들은 다
똥 싸 놓고 빌고 있다

별

별에서 보면
지구가 별이란다
저 별에도 나라는 사람이 살아
이 별에 사는 나를 바라보고 있겠지
그 별의 하늘을 보며
별 하나 나 하나
별 둘 나 둘
별들을 세고 있겠지
별에 사는 나를 세고 있겠지

별이 되리라

밝은 곳에선 보이지 않지만
어두운 곳에서 반짝이는 별이 되리라
누군가 그 별을 보고 어둠을 견디고
누군가 그 별을 보고 길을 찾으리
밝게 비춰주진 못하지만
다른 별과 별자리를 이루고
항상 거기에 있으리라
누군가의 별이 되어
누군가의 어둠에
빛이 되리라

세기의 대화

여든이 넘은 할아버지와 여덟 살 여자아이가
마주 보고 웃고 있다 웃음 외엔 봄날뿐이다
"할아부지, 나는 언제 할아부지가 돼?"
"임마, 너는 할머니가 되는 거여"
"할아부지는 왜 할아부지가 됐어?"
"머스마는 할아버지가 되고
지지배는 할머니가 되는 거여"
"아니, 왜 할아부지냐니까?"
"오래 살면 할애비가 되는 거여"

한 오십 년 된 기억 3

어머니는 도끼로 닭을 잡았다
나더러 닭 몸통을 잡으라 하고
닭대가리를 한 손으로 누르고 도끼로 탁하셨다
잠시 손안에서 퍼덕이던 닭은 피를 뿌리고 금세 죽었다
나는 닭 잡는 것을 참 쉽다고 알고 있었다
문득 키우던 닭을 잡아먹으려고 도끼를 장만하고
날개를 끈으로 묶고 자식 놈보고 몸통 붙잡으라 하고
닭대가리를 누르고 도끼를 들고 내려치는데
도끼가 도무지 내려가질 않는다.
마누라를 불러 내려치라 하니
도끼를 내던지고 집안으로 들어 가버린다
아들놈보고 내려 치라하니 치킨 시켜 먹자 한다
혹시 알을 낳을지도 모르니 더 키워보자 하고
그날은 양념통닭 시켜 먹었다
닭 잡는 일이 이리 진땀 나는 일인지는 모르고
그때는 닭 잡아 삶는 일이 예사로
재미있기만 하였다.

한 오십 년 된 기억 4

교과서를 잃어버렸다
집으로 오다가
오십천 강가에서 책가방을 벗어 던지고
부랄 같은 건 신경도 안 쓰고 홀딱 벗고 놀았는데
칡넝쿨 무성히 칡꽃 피거나 말거나
봉황산 꼭대기에서 뛰어다녔는데
아주까리 바람에 흔들리거나 말거나
사직 철둑길 철다리 침목 위로 뛰어 건넜는데
물이 뚝뚝 떨어지는 기차굴 어둠 저편을 향해
냅다 뛰었는데
기차굴 입구에서 동네까지 내리막길
세발자전거에 목숨 걸고 구르듯이 내려 달렸는데
집에 오니 어깨에 둘러멘 가방에 책이 하나도 없다
책이 무어 중요한 거라고 뒤지게 야단맞고 저녁 먹고 잤는데
모처럼 주간 근무를 하신 아버지가 종이를 접어 책을 만들고
옆집 백룡이 책을 빌려 밤새 먹을 갈아 써 주셨다
그림은 없지만
국어 산수 사회 도덕
뭐 그런 거였던 것 같다
그걸로 공부한 공은 어디에 있는지 모르지만
책도 가방도 없어졌고
가슴에 남은 아버지가 달빛에 해일 진다

호수 가에서

새는 날갯짓으로 가을에 왔다
물 위에 비친 그림자는 물에 잠겨 단풍 지고
떼 지어 몰려다녀도 물결은 금세 없어진다
오후 네 시 진홍빛 안타까움은 햇빛에 부서지고
분주한 듯 걷는 사람들은 그저
가을과 겨울 사이를 걷고 있다
벤치에 기대앉은 연인들은
호수를 바라보며 긴 시간 사진을 찍고
오리들은 무리 사이에서 멋대로 울어대고
갈대가 가린 곳에 어린 물닭 아무도 모르게 헤엄을
친다
가을은 호수에 푹 빠져 바람마저 잎새에 쉬고
날이 저물 듯 그림자가 길다.

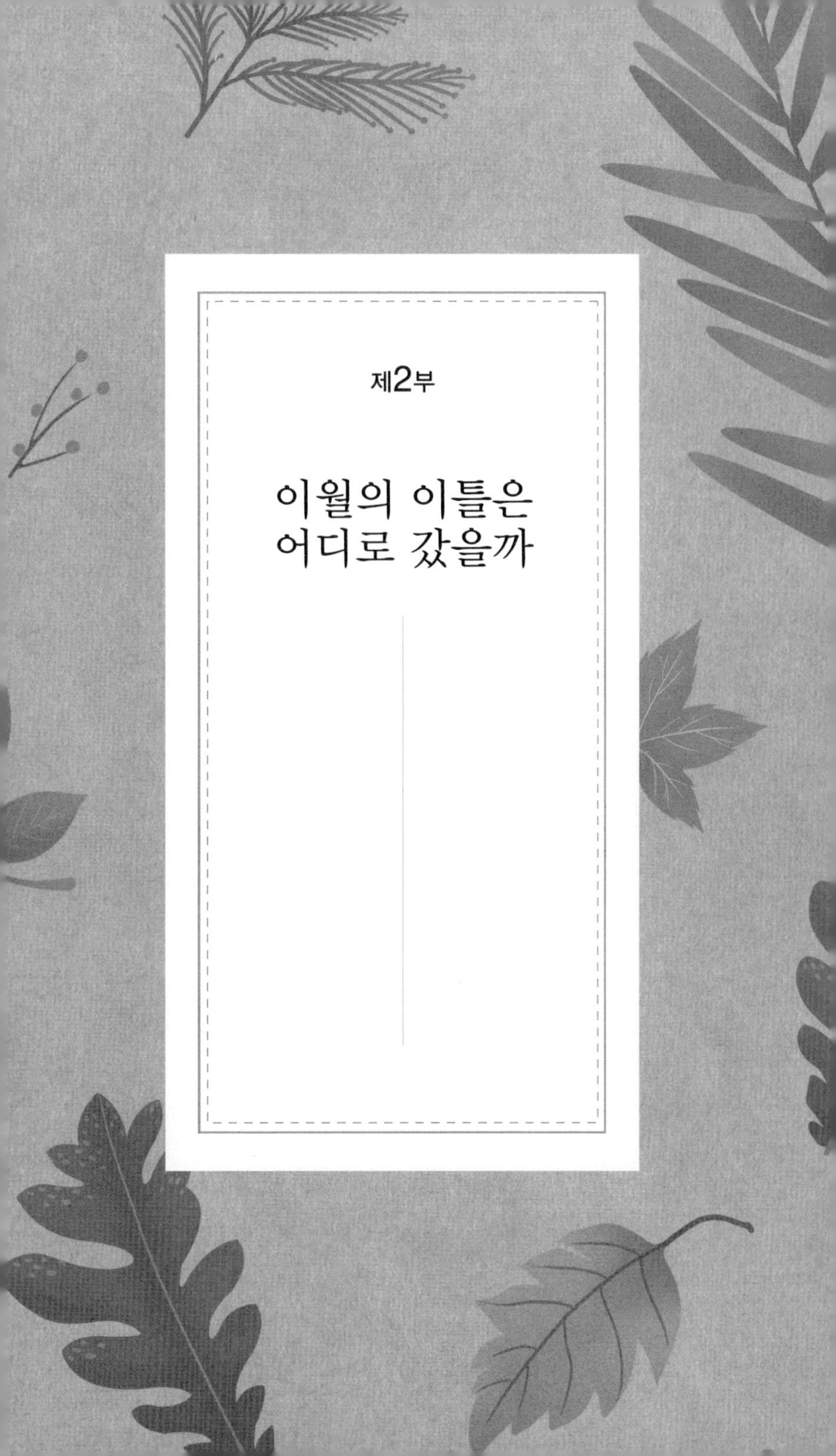

제2부

이월의 이틀은 어디로 갔을까

갑장

환갑 맞은 갑장 건성 악수를 하고
요즘 어떻게 지내냐 하니
일거리 생기면 일하고
놀거리 생기면 놀고
먹을거리 생기면 먹고
그렇게 지낸다 한다
글은 좀 쓰냐 하니
어쩌다 이야깃거리가 생기면 쓰기도 하고
어쩌다 취하면 쓰기도 하고
뭐 재밌는 거라도 있냐 하니
갑장 의사 찾아 물리치료도 받고
술자리 생기면 떠들어도 보고
꽃을 보다 혼자 울어도 보고
봄바람 불어 봄도 타 보고
뭐 그런다 한다
우리 같은 젊은이는 어디
낄 곳이 없다 한다

글은

글은 영혼의 무덤
문자로 차곡차곡 덮어버린 생명의 기운
파헤쳐 보기 전에는 절대 볼 수 없는 생각
그 안에 겹겹이 접어 넣은 본질
사랑 같은 것
향기 같은 것
나타났다 사라지는 노을 같은 것
살다가 죽는 생명 같은 것
밤하늘 별 같은 것
글은 문자로 덮은 인간의 무덤

까똑

동해에서 해가 뜨는 사진을 찍어 까똑까똑 보내니
삼척 사는 이는 일출이 멋있다 하고
당진 사는 이는 해지는 것이 예쁘다 하네

꽃이 피는 것은

내가 아무리 슬퍼도 꽃이 피는 것은
내 무너진 마음이 꽃으로 피게 하려는 것
내가 아무리 아파도 꽃이 피는 것은
내 피 흘린 상처가 꽃으로 피기를 기다리려는 것
내가 아무리 서러워도 꽃이 피는 것은
내 고인 눈물이 꽃으로 피어나기를 기도하는 것
내가 죽고 네가 죽어도 꽃이 피는 것은
우리 삶을 꽃으로 피워내려는 것

나무는 좋겠다

나무는 좋겠다
봄마다 꽃을 피우니
지난여름 푸르고 푸르게
하늘을 안은 영광이겠지

나무는 좋겠다
봄마다 새잎을 내니
지난가을 진홍색 가슴으로 푸름을 내려놓고
언 땅을 지킨 까닭이겠지
아무것도 없는 빈 몸으로
칼바람 겨울을 견뎌낸 축복이겠지

달문

서해 바다 물 드나드는 당나루
바다를 막고 돌문을 만드니
석문 동네 이름값을 하고 있지만
물 꼭지에 칼바위 꽂힐 무렵
그곳에 달문이 있었다네
달문 열린 틈으로 바닷물이 들어오면
지금은 논이 되고 길이 되었지만 물길 따라
기름재 덕거리 통무시 왜챙이에 바다가 스며들고
슬항 용두를 안고 돌아 구름 색칠하며
봉생을 적시고 모평 고무레들에서 냇갈도 거스르고
바다 창을 열고 들어온 물이 적서를 지나 마중 나오면
구실고개 방아다리에서 못내 손짓해 아쉬움도 남기고
끝없이 밀려들어 잠시 섬을 만들면서 내포를 감쌌다네
바다 위 창을 열고
보름이면 보름달 나오고
열 스무날이면 반달 나오고
초승이면 손톱달 나오고
그믐이면 눈섭달 나오고
내포에 물드는 바다에 달빛 비치면
갯벌 따라 은밀히 달별 맞으며
잠시 부산스레 장이라도 선 듯
박하지 능쟁이 기어 나와 거품 만들고

방게 사시랭이 옆걸음치며 미역 뜯어 상 차리고
망둥어 구구리 뛰어다녀 발자국 그림을 그리고
주꾸미 낙지가 구멍을 나와 달님을 맞았다네
사람들 다 잠든 사이
바다는 그렇게 달님과 놀았다네
물길 따라 은밀히 바다가 스며들어 달빛 맞으면
바위에 붙은 고동 굴딱지가 잠결에 물에 잠기고
밤새도록
달빛은 물 위에 머물고
물은 달빛에 반짝이며

마트 가는 길

아이의 천사는 엄마이고
엄마의 천사는 아이인지라
나는 두 천사와 함께 산다

둘이서 장난치고
싸우고 지지고 볶아도
천사들이 노는 천상의 일상이라
나는 보고만 있다

요리를 한다
열대어 어항 물을 간다
컴퓨터 게임을 한다
드라마를 본다
둘이 분주하고, 날갯짓 소리에
나는 잠자러 간다

작은 천사의 취미는 나팔 부는 것이고
큰 천사의 취미는 옷가게 둘러보는 것이다
작은 천사가 잘 먹는 것은 회덮밥이고
큰 천사가 잘 먹는 것은 수제비 칼국수이다
나는 그저 막걸리나 좋아해서
혼자 사 들고 와서 한약 먹듯이 먹는다.

가끔 나를 끼워주기도 하는데
주로 운전기사이다
큰 천사는 옆자리에 앉아 말로 운전 다 하고
작은 천사는 뒷자리에서 늘어지게 한잠 잔다
두 천사는 손에 손잡고 무어라 무어라 하고
자기들 좋아하는 것 다 하고
집에 가자고 차를 탄다

두 천사가 잠든 사이
떨어진 깃털을 주워 보물상자에 담는다

두 천사의 날갯짓에
나도 하늘을 나는 꿈을 꾼다

백마강

부소산 뻐꾸기 배에서 내리는 유람객 맞아 울고
찔레꽃 향기가 방문객을 멈추게 하네
꽃잎 떨어지는 절벽 위 백화정에 오르다 문득 뒤돌아보니
백마강 깊은 곳 용이 헤엄치듯 물결이 인다
천오백 년 전 칼 소리 창 소리가 바람을 스친다

범바위에서 파진산 모퉁이까지
백제 일본의 연합수군과 나당연합수군
마지막 한 판 붙은 백촌강대전은
사비성을 차지하려는 아시아대전이었다
아픔만 준 사람 죽이기 내기에 피무지개가 뜨고
그날 흘린 피는 강물을 물들이고
그 강물에 떨어진 꽃잎은 암벽을 돌아 눈물로 흘러 흘렀다
사비는 역사 속 재가 되고 부소산 돌산성만 남아
천오백 년 울던 바람을 재우는데
백제왕이 용이 되어 놀던 금강
소정방이 낚시 미끼였던 백마를 기려 백마강이 되었나
용강이라 하여도 서러운 눈물 강이 넘칠 텐데
좁아터진 고란사만 고란 풀처럼 자리를 지키고 있다
물 흐른 흔적이 그때나 지금이나 이듯
사람 사는 모습도 그때나 지금이나
약수 한 바가지 퍼마시고 젊어지길 기다린다

백마강의 이름 뜻은
백은 백제의 백이며 마는 크다는 뜻이니
백마강은 백제의 큰 강이란 뜻
아는 사람은 알지만
모르는 사람은 모르더라

문어

문어의 뼈는 어디로 갔을까
척추가 없어 가슴과 배를 머리로 끌어 올리고
해골이 없어 제멋대로 밋밋한 대가리
길어지기도 하고 둥글기도 하고
그래서 앞도 뒤도 없는 얼굴
도무지 몸통을 찾을 수 없는 몸
좁은 틈도 거침이 없고
바람인 듯 물결인 듯 바위 사이를 지나간다
마디가 없어 우아하기만 한 다리
서거나 앉거나 갈무리된 미끈한 종아리 허벅지
힘이 넘쳐 춤을 추는듯하다
여덟 긴 다리는
꽃잎이 피듯 헤엄치고
지느러미가 없어도 물속은 자유롭고
바위틈에서 쉬면 모습조차 없다
뼈 없이 뼈대 있게 사는 위대한 생명
부끄러움 하나 없는 힘찬 근육
멈춘 듯 흐르는 듯 물결을 따라간다

봄날 2

곁을 내어 손을 잡으니 깍지를 낀다
한동안 소원했던 시간이 날아가고
만남은 꽃이 핀 것 같다
씀바귀꽃 길가에 자욱하고
산기슭에 애기똥 찔레꽃
아카시아 향기가 나무 아래 가득한데
꼭 쥔 깍지는
꽃향기보다 짙다
바람이 스쳐 얼굴을 마주하자
볼우물이 깊게 패인다. 먼 산 뻐꾸기
뻐꾹
뻐꾹
아까부터 울고 있었다
봄이 앞서 저만큼 가고 있다

애기똥풀꽃

흰 젖을 먹고 애기는 노란 똥을 싼다
꽃 보듯 애기 똥 향기를 맡는 엄마
애기는 발짓하며 벙긋벙긋 웃는다
푸른 풀 더미에 지천으로 핀 노랑 애기똥
먹은 젖은 햇빛과 바람과 비
산기슭에 싸질러 핀 노랑 애기똥
구름 그림자가 쓰다듬어 보고 간다
바람이 킁킁대다 휘저어 보고 간다
봄날이 슬쩍 문대보고 간다
똥 묻혀 간다
애기똥은 봄이 싼 똥
정오에 노랑나비 똥 밟고 간다

연락

아침부터 뻐꾸기 울어
종일 생각이 나더니
저녁 무렵 카톡이 왔다
내용이 아무리 중요해도 중요한 것이 아니고
내용이 아무리 하찮아도 하찮은 것이 아니고
연락이 닿았다는 것 그것이 중요한 것
연락한 사람도
연락받은 사람도 그것을 알고 있다
한 달 만이다

집

집을 나서면 길이 시작된다
집에 들어오면 길이 끝난다
길은 시작도 끝도 없지만
집이 길의 시작이고 끝이다
나는 저녁 어스름 길이 좋다
집으로 가는 길이기 때문이다
하루는 집에서 시작하고
집에서 끝난다

집에는 매일 입는 옷이 나를 기다리고
매일 밥을 먹는 그릇이 나를 기다리고
여기저기 뒤적이던 책이 나를 바라보고
앉기를 기다리는 의자가 있다
매일 누웠던 자리가 있고
나를 기대주는 벽이 있다
집에 있는 모든 것은 나를 기다리고
나는 집에 있는 것들에 묻혀 있다

집은 담 위로 꽃을 피운다
집은 눈 쌓인 지붕 위로 연기를 피운다
집은 장독대 위에서 감이 익는다
집은 아랫목 이불 아래에 세상을 잠재운다

집은 가족의 냄새로 꽉 차 있어
머물기를 좋아 한다
사람에게는 집이 있다.

이월의 이틀은 어디로 갔을까

이월의 이틀은 어디로 갔을까
꽃 찾으러 산 넘어가는 것을 누가 보았다 하네
봄바람 부르러 강 건너가는 것을 누가 보았다 하네
배고픈 사람들 춥고 힘들어
소한 대한 다 지낸 고래 심줄 같은 생명
겨울을 지으신 님 남은 장작 쌀독 바닥 훔쳐보다가
이월의 이틀을 눈물 속에 감췄다네
입춘을 불러 놓고선
칼바람 시린 손발 이월은 겨울을 잡고 있기가 너무 미안해
봄을 기다리는 이의 하루가 너무 절절해 차마
주머니에 있는 이틀을 꺼내지 못했다네
이월은 28일로 그만 넘어가고
그래서 겨울이 이틀 짧아졌다네
봄이 이틀 빨리 온다네

제3부

생명은 사랑

기적을 보았다

오늘 기적을 보았다
아무것도 없던 마른 땅에 파란 풀잎 나더니
노란 민들레꽃이 피어났다
마르고 딱딱하던 나뭇가지에 수북하게
하얀 살구꽃 환하게 피어났다
암탉이 이것저것 쪼아 먹고 다니더니
알을 낳았다
옹알거리던 아기가 첫걸음을 걸었다

까치

성당 마당에 팔백 살 은행나무와 삼백 살 느티나무가 있는데
까치집이 은행나무에 네 개나 있고 느티나무엔 하나도 없다
"까치도 오래된 것이 편한가 보네요" 했더니
사회복지 성지순례 강복을 주신 신부님이 나무를 쳐다보며
"까치도 천주교 신자인가 보네요" 하며 사제관으로 가시네.

다른 사람이

다른 사람의 티끌이 보이면
내 안에 편견과 오만의 대들보가 박혀있는 것이다
다른 사람이 비틀거리는 것이 보이면
내가 술에 취한 것이다
다른 사람이 바보로 보이면
내가 교만과 어리석음의 숲속에 있는 것이다
다른 사람이 죄인으로 보이면
내가 시기와 질투의 바다에 빠져 있는 것이다

내가 주님 하니 1

내가 주님 하니
바오로야 많이 힘들구나
내가 너와 함께 있다 하신다

내가 주님 하니
바오로야 네가 나에게 감사하며 사는 것을
내가 안다 하신다

내가 주님 하니
바오로야 네가 나 때문에 기뻐하니
나도 기쁘다 하신다

내가 주님 하니
바오로야 네가 내 일을 하느라 애를 쓰니
안쓰럽구나 하신다

내가 주님 하니
바오로야 억울해도 참아라 나도
억울하다 하신다

내가 주님 하니
바오로야 슬퍼하거라 나도
눈물이 난다 하신다

내가 주님 하니
바오로야 그래도
용서해야 한다 하신다

내가 주님 하니
바오로야 걱정하지 말아라
나와 같이해보자 하신다

내가 주님 하니 2

내가 주님 하니
바오로야 내려가거라 하신다
다시 내가 주님! 하니
바오로야 더 내려가거라 하신다
또다시 내가 주님!! 하니
바오로야 너는 한 발자국도 움직이지 않았다
더 내려가거라 하신다

내가 주님 하니
바오로야 나에게 내려놓고 비우고 벗어놓고 가거라
하신다
내가 너를 들어주고 채워주고 입혀 주리니
그들에게 가거라 하신다

다섯 사람

세상에는 다섯 사람이 있다
노래를 부르는 사람
노래를 듣고 기뻐하는 사람
노래를 들으나 아무 감정이 없는 사람
노래를 듣고 불쾌해하는 사람
그리고
노래를 들어 보지도 못한 사람

로드킬

길을 벗어나면 길을 잃는다
길에 들어서면 너의 전력을 다하라
길 위에선
머뭇거리면 죽는다
뒤돌아 가도 죽는다
느린 것도 죽는다
큰 것이 작은 것을 죽이고
무거운 것이 가벼운 것을 죽인다
길을 잘못 들어도 그냥 앞으로 가야 한다
그때도 머뭇거리면 안 된다 뒤돌아봐도 안 된다
한번 실수로 목숨을 잃고 짓이겨져 형체를 잃어버린다
들어서지 말아야 할 길에 들어선 순간 이미 죽은 목숨이다
무심결에 호기심에 내 길이 아닌 길에 들어선 것은
돌이킬 수 없는 선택이다
사체처리 알바가 몸서리치며
비닐봉지에 네 부서진 몸을 주워 담는다
길 위에서 죽음은 억울함이다
길은 수많은 죽음의 잔해를 치우고
길로 그냥 있다
길은 지나가는 곳이지 죽는 곳이 아니다.

만남

우리는 사람으로 만났다
사람은
사랑으로 생겨났고
사랑으로 산다
우리 만남은 사랑과 사랑의 만남이다
만남은 다시 만나도 늘 새롭다.

바보

미워하는 마음을 버리니 바보가 된 것 같다
분노하는 것을 접으니 바보가 된 것 같다
시기하는 마음을 버리니 바보가 된 것 같다
비판하는 생각을 버리니 바보가 된 것 같다
부자가 되려는 욕심을 버리니 바보가 된 것 같다
남과 비교하는 판단을 버리니 바보가 된 것 같다
남이 싫어하는 일을 맡아 하니 바보가 된 것 같다
남보다 잘하려는 마음을 버리니 바보가 된 것 같다
내가 갖지 못한 것을 포기하니 바보가 된 것 같다
틀린 사람을 비웃지 않으니 바보가 된 것 같다
나에게 나쁘게 하는 사람을 곁에 두니 바보가 된 것 같다
다른 이를 나와 같이 생각하니 바보가 된 것 같다
남들보다 더 열심히 일하니 바보가 된 것 같다
억울해도 원망하지 않으니 바보가 된 것 같다
누가 나를 비방해도 변명하지 않으니 바보가 된 것 같다
다른 사람이 말할 때 듣고만 있으니 바보가 된 것 같다
아무것도 아닌 일에 눈물을 흘리고 있으니 바보가 된 것 같다
일을 끝내고도 내세우지 않으니 바보가 된 것 같다
내가 아는 그분도 바보였다
나보다 더 바보였다

나는 바보 그분을 바보처럼 따라간다
내가 바보가 될 때마다 세상이 내게 꽃씨 하나씩 흘려놓아
내 안에 꽃밭이 생겼다
세상 바보들이 노는 꽃밭이다
내 주님께서 함께 노는 꽃밭이다.

발바닥만 천국

엊그제 주일미사 강론에 주임신부님이 농담으로
신부가 죽으면 혀만 천국 가고
수녀가 죽으면 귀만 천국 가고
신자들 죽으면 발바닥만 천국 간다 하시네
수녀님은 좋은 말씀이라면 빠지지 않고 쫓아 듣고
우리네 신자들 성당 왔다 갔다 바쁘고
봉사활동 왔다 갔다 바쁘고
무슨 회합 무슨 예식 왔다 갔다 바쁘고
마음은 누구를 만날까 무얼 먹을까
어디서 커피를 마실까
발바닥만 무수한 수고로
바쁘고 바쁘다네

사랑은 2

꽃잎이 화르르 떨어지던 날
꽃 몸살 몹시 앓아
사랑을 처방받았다
약효는 기쁨, 희망, 행복, 감사
부작용은 안타까움, 외로움, 눈물
그리움이라 한다

생명은 사랑

세상에 가치 있는 일은
살다가 죽는 것
삶은 생명의 모습
생명은 사랑으로 나고
사랑으로 살고
죽는 것으로 완성하는 것
생명은 사랑의 다른 이름
세상에 가치 있는 일은
죽을 때까지 사랑하고
죽는 순간에도 사랑하는 것
그리고
죽어서도 사랑하는 것

생명이 얼마나

저 꽃을 보라
생명이 얼마나 아름다운가
돋아나는 새순을 보라
생명이 얼마나 큰 기쁨인가
오월의 잎을 보라
생명이 얼마나 싱싱한가
나무를 보라
생명이 얼마나 질긴가

생명은 살아 있는 것
생명이 얼마나 세상을 사랑하는지
제 열매를 나누어 주는 것을 보면 알 수 있다
생명이 얼마나 거룩한지
진홍빛 가슴으로 떨어지는 것을 보면 알 수 있다
생명이 얼마나 깊은지
봄을 기다려 내리뻗은 뿌리를 보면 알 수 있다

세월
— 합덕성당 신부님

느티나무 그늘에
90대 레지오 단원 할머니들이
조근조근 수다 꽃을 피웠기에
지나치는 척 귀 기울였더니
엊그제 돌아가신 83세 할머니 얘기다
"그러게, 젊은 처자가 아깝게 죽었댜, 어쩐댜냐"
"술도 안 먹었다는데, 좀 아팠댜"
무심코 지나가다 기가 막혀
내 나이 오십도 안됐는데 내가 죽으면
세월이 멎은 우리 할머니들
지나가던 육십 살 자매를 "새댁"하고 부른다.

아가 똥

— 형정이

두 살 지지배가 화장실에서 쫑알쫑알하기에
큰이모가 궁금해 가만히 들어보니
변기 물을 내리는 꼬맹이의 작은 이별이 있었다
“아가 똥, 안녕!”

어디에 있는 것일까?

기쁨은 행복은 연속되지 않는 것
그 순간들은 어디에 있는 것일까?
잘못은 새겨지고 죄는 오랫동안 처벌받지만
힘든 세월 끝에 얻어낸 행복은 시들고
기쁨은 스치는 향기로 그리움으로 변한다
잘못은 죄는 평생 숨을 막고
기쁨은 행복은 바람처럼 지나간다
죄의 징검다리를 밟고 건너고 또 건너서 얻은
그것들은 어디로 간 것일까?
연속되는 것은 하루하루의 날들
지금만이 영원한 것인가
지금조차 지나가는 순간이라면
내일이 영원한 것인가?
순간들
그것들은 어디에 있는 것일까?

여인 5

‘아들 죽도록 보고 싶다’
열여섯 마르고 말라 뼈만 남은 육신을 허공에 날린 그 후
먹지도 마시지도 못한 석 달
주인이 놓아버린 전화기에 카톡을 보낸다
숨만 쉬어 달라고 했는데
한 줌 숨을 내쉬지 못해 부둥켜안은 품에서 빠져나간 내 새끼
야속하게 잠도 꿈도 없는 나날
비 오면 풀릴까
응어리가 녹아 온몸을 적신다면 울어라도 볼 텐데
무어라 하면 볼 수 있는지
내일부터의 내 삶을 모두 주고 오늘 하루 너와 살 수 있다면
내일부터 눈을 감고 살더라도 너를 한번 볼 수 있다면
엄마라고 한번 불러주면 내 목소리라도 줄 텐데
아들
아들
아들
아들 죽도록 보고 싶다

주님께서 저기 가시네

주님께서 저기 가시네
내가 피한 고통 주님께서 대신하시려
외면한 이웃 아픔 주님께서 함께하시려
십자가를 피해 로마를 떠나는 베드로
주님께서 다시 못 박히려 로마로 가시네

내가 전하지 못한 주님 말씀
주님께서 전하려 저기 가시네
무관심 속의 내 이웃
위로하지 못한 형제의 슬픔
주님께서 대신하러 나를 스쳐 가시네

가여운 이를 피해 멀리 돌아가자
주님께서 힘이 되어드리러 저기 가시네
맡기신 일이 싫어 주님 일터를 떠나자
주님께서 내가 흘린 재능 되찾으러 저기 가시네
주님께서 내가 외면한 이웃 찾아 저기 가시네

세상 즐거움 찾아 주님의 길을 버리니
주님은 나를 찾아 저기 가시네
미운 사람 미워하고

좋은 것만 내 곁에 모아들이니
주님께서 길잃은 나를 찾아 저기 가시네

세상 명예를 따르다 잃어버린 나를 찾아
주님께서 저기 가시네
처음 주님을 뵙던 순수한 열정
영광과 감사와 기쁨 가득하던 나날
주님께서 처음 나를 찾아 저기 가시네

한국인의 우리

우리 아버지는 너와 나의 아버지가 아니라
아버지와 내가 우리라는 거지
그래서 상속자는 나야
우리 엄마도 마찬가지야
엄마와 내가 우리지, 그래서 막 기대는 거야
우리 마누라는 너와 나의 공동 마누라가 아니라
나와 마누라가 우리라는 거지
우리는 나와 마누라 사이지 네가 아니야
그러니 너는 끼어들 생각도 하지 말라고
우리 친구라고 소개할 때도 나와 너의 친구가 아니라
나와 그 친구가 꽤 친하다라는 얘기니깐 오해 말도록
그런데 우리 돈이라 하면 너와 나의 돈이야
나와 돈이 우리가 될 순 없잖어?
그러니 내 돈이라고 해야 하는 거야
그리고 우리 집이라고 하면 우리 가족의 집이지
너와 나의 집이라는 얘기가 아니라고
그러니 우리라고 말하는 우리는
그 사람과 연관된 사람이지 너와 나가 우리가 아니야
한국인의 우리는 그래

제4부

바람이 유죄

딱따구리

가는 길에 들렀다며 서둘러 주차하고
안길 듯 반가이 손을 잡는다
차를 대접하려고 물을 올리니
끓을 동안 주위를 둘러본다
그냥 믹스커피를 달라기에 종이컵에 타서 주니
말없이 서서 커피를 마신다
뒷산 숲에서 딱딱딱 나무 쪼는 소리
귀 기울여 듣는 듯 커피 향에 취한 듯
마당에 서서 한 참 모란꽃을 바라본다
“갈께”하기에 영 서운하여 좀 더 있다 가라 하니
“다음에 또 들릴께”하며 슬쩍 안아주고 차를 탄다
어쩐지 그리움이 담긴 것 같아
혼자된 여인의 봄이 가슴을 눌러 무겁기만 하다
빈자리에 향기가 남아 발길이 돌려지지 않는데
뒷산 딱따구리 아직도 나무를 쪼는 듯
딱
딱
딱
구멍을 뚫고 있다

곰배령

〈설피 마을 가는 길〉

골짜기로 굽이굽이 길을 달리니
겹겹이 다가오는 산이 높아 녹색 너울이 밀려온다
현기증을 일으키며 파도를 넘으니
다시 구름을 이고 너울이 다가온다
눈신발 없이는 못 사는 동네
설피 마을 가는 길은 오르는 길
오르고 오르니 산이 낮아진다

〈강선 계곡 오름길〉

선인이 내려와 놀던 계곡
숲 사이로 난 길을 걸어 오르니
물소리 커졌다 작아졌다 속삭이듯 노래한다
관중은 제대로 핀 힘찬 잎새를 으스대고
속새가 개울가에서 창대를 세우고 있다
산의 속살은 향기를 내어 뿜고
서늘한 숨이 스치니 온몸이 맑다
바람은 세포마다 덜 깬 잠을 깨우고
물 한 모금으로 갈증을 채우니 세수한 듯하다
투명한 피부는 나무 사이로 호수처럼 보이고
한걸음 오를 때마다 하늘이 넓어진다

〈**곰배령**〉

하늘을 향해 드러누운 곰 배
녹색 하늘인 듯 온갖 별들이 노랗고 하얗게 반짝 인다
모시나비 한 마리 바람꽃에서 홀아비꽃으로 날아간다
1,164m 돌표지에서 길이 막혀 남은 300m 영마루가 영 아쉬운데
그저 하늘을 받쳐 들고 사진 한 방 찍고
선선한 하늘 안주 삼아 막걸리 한잔하고
이쪽저쪽 산들을 굽어보니
건너편 설악산 대청봉이 눈높이를 마주한다

김장 명절

모두들 김장을 하러 간다
서해안고속도로 경부고속도로 영동고속도로가 다 막혔다
김장은 친정에서 하기에 엄마네로 가야 한다
친정이 아닌 집은, 딸이 없는 집은 김장을 하러 오지 않는다
애써 담은 김장 제 것인 양 가져갈 상전이 없다
명절이 하나 없다
아들 며느리는 사과 귤 찐빵 사 들고 오고
소주 사 들고 오고 딸 사위는 돼지 삼겹살 들고 오고
젓갈 생새우 생굴 사 들고 오고
시골 너른 집엔 앞집 뒷집 할미가 따 놓은 배추가
소금물에 젖어 숨죽고 있다
삼겹살 수육 삶아 소주병 따서 대충 저녁 먹고
거실에 둘러앉아 채칼로 무 써니 금세 무채동산이다
빈자리마다 누구 아픈 일 누구 돈 번 일
누구 시집간 일 누구 망한 일 쌓아놓으니 한가득이다
배추 절어지길 기다리며 얼핏 잠이 들었다가
부산한 소리에 부시시 나와 고무장갑 끼니
지금부터 전쟁이다 우물가에 알불 키고 다라이 세 개
물 받아 배추 씻어 하얗게 넌다
풀죽은 배추 고무신 놓듯 가지런히 널어놓고
배춧잎 뜯어 먹고 짜다 달다 온밤에
크리스마스트리 불 밝히듯 하다

배추 물 빠지는 동안 헤엄치듯 김칫소 만든다
채 쳐놓은 무 더미 손으로 헤치며
엊그제 애기 낳은 조카가 친정엄마에게 전화하여
애기가 입도 있고 코도 있고 이뻐 죽겠어 하더라 운을 떼니
손주 자랑 애기가 쏟아지고
손주도 못 보고 죽은 동네 할미 얘기도 하고
세상 돌아가는 걱정에 대통령 흉도 보고
어느 할미는 구십인데 술도 잘 먹는다 하고
요즘 칠십은 할미 축에도 못 낀다 하고
수다 한 말, 고춧가루 한 말 속 채에 뿌리니
새우도 끼어들고 찬 바다 굴도 끼어들어 한 몫 거든다
시어머니요 엄마요 어머니인 장모님이
화룡점정 소금을 뿌리고 앞집 뒷집 할미가 맛을 보고
며느리가 맛을 보고 딸이 맛을 보고
배춧잎 하나 뜯어 속 넣어 서로 먹여주며
싱겁다 젓갈 더 넣어라 짜다 달다 무 더 썰어라
비닐하우스 안에 이 말 구르고 저 말 날러 다닌다
머슴은 배추 나르고 여인네는 속 넣으니
먹여주는 김칫소 매운맛에 화화거리며 다니고
밤 깊은 줄 모르고 둘러앉아 말 김장을 한다
고춧가루보다 맵고
생굴보다 비리고

새우젓보다 짠 이말 저말 아낌없이 넣고
무채보다 많은 수다를 배춧잎에 갈피갈피
책갈피에 단풍잎 넣듯 속을 넣어 김장을 담는다
겨우내 꿈을 꿀 엄마 맛을 통에 넣고
우거지 덮고 소금을 치고 잠을 재운다
볼 때마다 군침이 돌던 벌건 속은
배춧잎 사이로 들어가 자리 잡고
밤새 시달리던 배추
아들딸 김치통 안에서 새벽잠을 청한다
하늘이 밝아지는 것이 해가 뜨려는 모양이다
딸이 없는 집은 명절이 하나 없다
김장 가져가려고 엉겨 붙는 이가 없다
딸 없이 며느리만 불러다 김장을 하는 것은
요즘 세상에 반칙이다

엄지와 검지로 그린 사랑

엄지와 검지로 만든 사랑의 표시는
'나는 너를 많이 사랑하지만
너에게 요만큼만 줄게' 하는 것 같다
마누라 친구들 사진이 손가락으로 조롱하는 것 같아
"이게 뭐야?" 했더니
"하트잖아 잘 봐" 잘 봤더니 그렇기도 하다
예전엔 두 팔로 머리 위에서 마주쳐 사랑을 그렸는데
하늘땅만큼 사랑한다 했는데
참 편리하게도 사랑이 표시된다
편한 건 좋은데 어딘가
좀 부족한 사랑 같기도 하고
좀 인색한 사랑 같기도 하고
좀 어색한 사랑 같기도 하고

바람이 유죄 2

— 울릉도 택시 기사

나리분지에 바람만 불지 않았어도
바람이 순이 치맛자락을 걷어 올리지만 않았어도
육지로 유학까지 다녀온 총각이 해까닥 하진 않았지
섬말나리 노란꽃, 명이나물 하얀 꽃 지천으로 피어
처녀총각 심숭생숭 꽃과 벌 같았는데
꽃대를 흔들려던 바람이 미친 섬바람이지
순이가 이쁘긴 하였지만
망망대해 뱃길로 두 시간 홀로 솟은 동해의 눈동자
잠시 고향 다녀가려던 총각
나리꽃 마가꽃 꽃잎에 묻혀 못 가고
갈매기 지키는 파도가 가슴에 턱턱 부딪혀 못 가고
억수로 내리는 하얀 눈에 발목 묻혀 못 가고
고사리 삐쭉삐쭉 나오던 봄 어느 날
순이가 안겨준 젖내 나는 계집아이 눈망울에 빠져 못 가고
그렇게 부지깽이나물 명이나물 거두고
이렇게 나리분지 섬 바람 쐬며
눈개승마 무침에 씨껍데기동동주 한잔했는데
이십 년이 지났네

바람이 유죄 4

꽃이 피면 벌 나비가 날아온다
누가 알려 주었을까
가지마다 꽃 피우라 서둘러 대고
이 꽃 저 꽃 눈뜨라고
누가 깨웠을까
저 들에 눈이 녹기도 전에
봄이 온다고
누가 속삭여 댄 것일까

그날부터 지금까지
바람이 한 짓이었다
꽃잎으로 치장을 하고
꽃향기에 취하려는
바람이 한 짓이었다
저기 저 보리밭에 푸른 물든
바람이 한 짓이었다
바람이 한 짓이었다.

바람이 유죄 1

그날 집 나간 소녀는 바람을 따라갔다오
노래로도 풀지 못한 가슴 꽃비가 적시고
봄 실은 바람이 수줍은 마음 풀어헤쳐
작은 소고 동동거리며 소녀는 떠났다오

치맛자락이 자꾸 바람에 날리고
머리카락이 자꾸 바람에 날리고
바람은 울렁이는 것으로 다가와
가슴이 동동거려 꽃향기로 떠났다오

아무도 맞아주지 않아도
꽃이나 소녀나 한가지였다오
별이나 꽃이나 한가지이듯
바람이 맞이하여 다 섞어버렸다오

소녀는 꽃가루 실린 바람이었다오
모두 꽃향기로 떠다녔다오
바람이 불어 우리는 만나고
바람이 불어 우리는 떠났다오

소녀가 가져온 바람으로 피리를 불고
소녀가 가져온 소고로 동동거려

까마득 잊었던 가슴에 꽃비가 내리고
바람 따라 머리카락 날리며 춤을 추었다오

그래 터지려는 가슴 조여 안고
차마 뒤좇아 가지 못해 꽃길을 돌아갔는데
부르는 손짓 외면하고 뒤돌아섰는데
바람이 자꾸 치맛자락 날리어
바람이 자꾸 꽃향기 날리어
소녀는 여인이 되어 봄 따라갔다오

어쩌다 부부

요즘 세상에 고독은
명품 가방을 든 것보다 더 사치다
세상은 사람을 그냥 두지 않는다
내 말을 들으라고 벨 소리를 울려대고
네 목소리를 들려달라고 마이크로 떠들어 댄다
습관으로 화면을 켜면
세상 온갖 소식
사람이 죽어가는 아픈 세상사
이것 사라 저것 사라
이것이 몸에 좋다 저것이 몸에 좋다
나를 대통령으로 뽑아 달라며 마음을 뒤흔들고
꽃보다 예쁜 소녀들 춤추며 노래하고
세금 내라고 쪽지 날아오고
전기세 전화세 아파트관리비
가만히 있어도 그냥 두지 않는다
나이 육십이 넘어서니 세상살이도 그냥 늘어나
아들딸 결혼식이 쉬는 날마다 있고
그동안 하던 일이 있어
퇴근 후에 매번 이 모임 저 모임 공 굴리듯 있어
각자 바쁘니 밥상머리 같이 둘러앉은 것이 언젠지
주말부부도 아닌 어쩌다 부부가 되어 버렸다

차에서 닭이 운다

차에서 닭이 운다
처음엔 암탉이 울더니 이젠 수탉이 운다
고꼬꼬꼬 울더니 꼬끼오 꼬끼오한다
아침에 시동을 걸면 꼬륵꼬륵 하고
출발하면 꼬끼오 새벽닭이 운다
오후에 출발을 하면 꼬꼬끼오 낮닭이 울고
저녁에 출발하면 꼬꼬꼬끼오 저녁닭이 운다
달릴 땐 놀러라도 갔는지 기척 없다가
섰다가 출발하면 나 여기 있다
울어 댄다
꼬꼬끼오 꼬꼬꼬끼오 울어 댄다
배고프다 울어 댄다.

오십천 강변의 여인

이름을 불러보지 못했고
여인은 내 이름을 부르지 않았다
서울 누나 어린 딸과
오십천 강변에서 돌맹이를 줍고 있을 때
여인은 강가에 핀 꽃을 꺾어 들고 다가왔다
나는 여인이 오는 것을 심장 뛰는 소리로 알고 있었다
조카는 조약돌 무늬가 너무 신기해
“담톤 담톤 이것 봐 이것 봐” 물비늘처럼 재잘거리고
전부터 조금 알고 지내던 그녀와 나는 꽃과 벌 같았다
손짓마다 강물이 흐르고
눈짓마다 구름이 흐르고
말소리 따라 새가 날았다
나는 강물에 띄운 종이배 같았다 그날은 그랬다
시계꽃 버들꽃 지천으로 피고
얕은 강은 조약돌 위로 흐르며 괜히 재잘거렸다
강이 흐르면 나도 흐르고 강이 머물면 나도 머물렀다
풀 더미에 핀 시계꽃을 엮어 손목에 묶어주었는데
여인은 금방 친해진 조카의 손을 잡고
강의 반짝임을 잡으러 가고
나는 그녀가 맡긴 꽃을 들고 강가에 서 있었다

바람은 그저 꽃잎을 흔들다 가 버렸고
구름은 머물 듯 기웃대다 봉황산 너머로 흘러갔다
버들강아지 피어있던 날
정오 무렵이었다.

처마, 풍경, 바람

처마에 풍경을 달면
바람이 노래한다
처마에 풍경을 달면
바람이 쉬어 간다
하늘을 가려 그늘 지운 처마
그 아래 풍경을 달면
바람이 몸 부딪치며 놀다 간다
댕그랑
댕그랑
보고 싶다 하고 간다

탁탁

탁탁
양철지붕 위에 감 떨어지는 소리
탁탁
가시투성이 밤톨 터지는 소리
탁탁
창 아래 봉선화 씨방 터지는 소리
탁탁
가을이 여름 털어내는 소리

견우직녀

내가 당신 마음에
꽃 한 송이 피울 수 있다면
당신에게로 가리다
그 언덕에서 당신 아픔을
내 아름에 안고 죽을 수 있다면
당신에게로 가리다
자신을 죽여 가며 서로에게 상처를 주던 사랑
은하수 저편 당신 손짓을 내가 볼 수 있다면
은하수 저편 내 손짓을 당신이 볼 수 있다면
까마귀 없어도 당신에게 가리다
은하를 건너가리다.

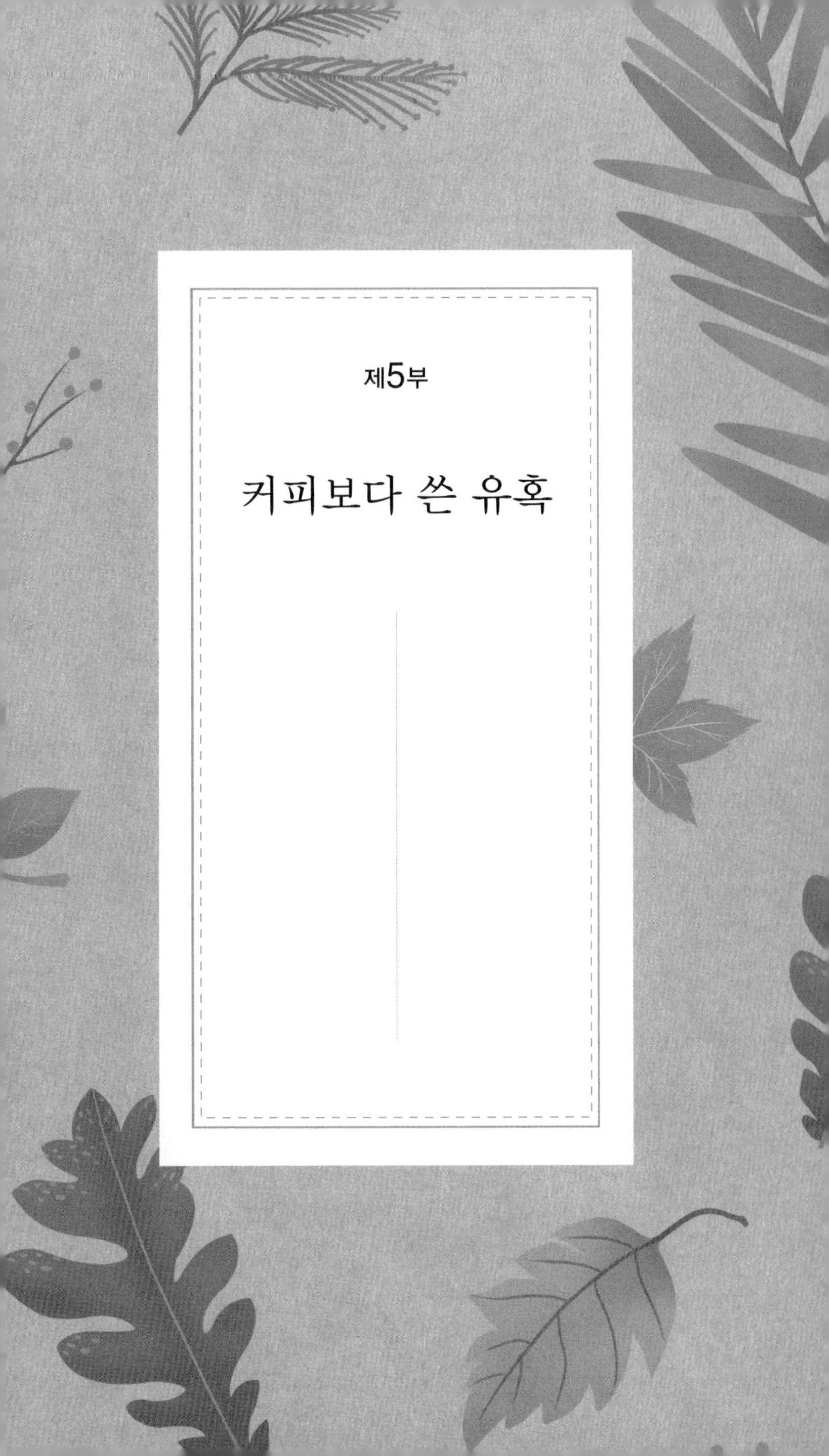

제5부

커피보다 쓴 유혹

가을비

이 비는 영남을 지나는 태풍이 가져온 비란다
어젯밤부터 축축이 논밭을 적시며 내린다
한번 보자기에 갔더니
비를 맞아가며 부추 뜯고 쪽파 뽑아 부침개를 부쳐 낸다
냉장고에서 막걸리를 꺼내 한 상 차리니 툇마루가 꽉 찬다
면천막걸리가 입에 맞느니 지곡막걸리가 맛이 깊니 주고받다가
뒤뜰로 가 미루나무 느타리를 따 데쳐내니
초고추장 소금장에 더할 맛이 없다
비는 그칠 줄 모르고 느긋하게 내리는데
가을 채비를 하려는 듯 마당 은행잎이 물들어간다
혼자 사는 이에게 가을이 찾아온 듯하다

그쳤다 다시 오는 비

잠시 비가 그쳤었는데
하늘에 구름이 걷히지 않더니
다시 비가 온다
어제부터 많지도 않게 하염없이
세상 모든 것을 적시고
차가워진 바람도 간간이 불어
더위를 저만큼 밀어낸다
진즉 꽃이 진 풀은 비를 맞아도 말라가고
햇빛이 그리워질 즈음
다시 비가 온다

접었던 우산을 펴고 길을 간다.

상처 없는 영혼은 없다

조개의 아픔은 진주가 되어 빛나고
인간의 아픔은 영혼이 되어 빛난다
상처 없는 영혼이 어디 있으랴
아프고 쓰린 것이 영혼의 뿌리이고
상처가 가지이며
자비와 용서가 꽃인 것을
아픔 없이 어떻게 다른 이의 아픔을 안으리
벌어진 상처는 꿰매고
멍든 가슴은 쓸어내리리니
아픔이 거름이 되어
영혼의 줄기가 자라는 것
거기서 환한 꽃이 피고
열매를 맺으리니
상처가 깊을수록 아픔이 클수록
향기가 짙고
맛이 깊고 풍성하리라

숲

밤나무는 소나무가 이상하다
벚나무는 은행나무가 이상하다
도토리나무는 잣나무가 이상하다
조릿대는 향나무가 이상하다
단풍나무는 감나무가 이상하다
진달래는 찔레꽃이 이상하다
청미래는 칡넝쿨이 이상하다
고사리는 엉겅퀴가 이상하다
이상한 것들이 모여 그 산에 같이 살며
같은 바람과 같은 비를 맞으며
숲을 이룬다

시간은 천천히 간다

시간은 느리게 간다
다만 한순간도 멈추지 않는다
뒤돌아봄도 없고 뒤돌아감도 없다
지름길도 없고 돌아가는 길도 없다
지나간 시간은 아무리 아쉬워도 그만이다
지나간 시간이 아무리 야속해도 내 탓이다
지나간 시간을 아무리 원망해도 고쳐지지 않는다
지나간 시간을 아무리 후회해도 보태거나 뺄 수 없다
시간은 모든 것을 뒤돌아볼 수 있게 천천히 간다
시간은 잘못된 것을 되풀이하지 않아도 되게 천천히 간다
무엇인가 하려고 하면 시간은 충분하다
시간은 모든 것을 제공하고
그것과 함께 천천히 간다
시간이 없다고 하지 못할 것도 없고
시간이 많다고 뒤로 미룰 것도 없다
시간은 어느 누구에게 미리 가거나
어느 누구에게 아직 가지 않은 것이 없다
시간은 모든 것을 데리고 천천히 함께 간다

어쩌다

죽은 이의 무덤에 어쩌다
어쩌다 지나가다 꽃 한 송이 꽂아놓고
하아얀 꽃잎 위에 흘려놓은
시 한 수 읽자

죽은 이의 얼굴이 어쩌다
어쩌다 꽃처럼 미소로 다가오면 꼬옥 끌어안고
호올로 하늘 아래 매어놓은
시 한 수 읽자

죽은 이의 말소리가 어쩌다
어쩌다 그림처럼 속삭임으로 다가오면 벽에 걸어두고
잎사귀마다 단풍 물든 진홍빛
시 한 수 읽자

죽은 이의 인연이 어쩌다
어쩌다 노을처럼 아쉬움으로 다가오면 혼자 걸으며
푸른 대숲을 지나는 바람이 노래한
시 한 수 읽자

죽은 이의 못다 한 삶이 어쩌다
어쩌다 가을처럼 안타까움으로 다가오면 뒤돌아서서

머언 하늘 새들이 쓰다만
시 한 수 읽자

어쩌다
어쩌다
어쩌다 죽은 이의 이름이 사람들 말소리에 섞이면
심장이 시려 가슴 저린 옷깃 부여잡고
약이라도 먹듯
술이라도 먹듯
시 한 수 읽자

윈드오케스트라

소리가 쏟아진다
불빛을 따라 어둠의 틈을 지나
머리 위에서 춤을 춘다
천장과 벽에 부딪혀 부서진다
다문 입술을 침투해 어금니를 울리고
머리카락 사이로 스며 파도친다
바람이 일어 휩쓸어 간다
밀려갔다 밀려온다
가슴이 부풀어 숨이 막힌다
눈꺼풀을 파고들어 눈동자가 서늘하다
가슴을 친다
소리가 운다
밑바닥을 뒤집어 소리쳐 운다
부둥켜안고 소리쳐 운다
소리를 타고 새들이 날아온다
소리에 실려 꽃들이 피어난다
소리를 따라 강물이 흐른다
소리가 아침을 연다
얼음을 녹이고 속삭인다
꽃을 피우고 놀자 한다

홍수져 흐르며 심술을 부린다
부드러운 가슴으로 안아주며
눈물을 닦아 준다
나 거기 있으나
거기에 없다
소리는 나를 높은 곳으로 데리고 간다
소리는 나를 깊은 곳으로 데리고 간다

영원한 순간

곁을 내어 함께 걸은 몇 발자국
슬며시 잡은 손은
봄의 스침이었다
그 기운은 마음으로 스며
나뭇가지에 물오르듯
파도 같은 따스함이 밀려오고
더욱 꼭 잡은 손은
서로 마음을 눈치챈 해일이었다
교실 이 층으로 올라가며 밟은 스물네 계단
영원으로 가는 순간

영혼의 상처

영혼의 성장통은 인간사(人間史)
바람 없는 날이 어디 있으며
비 오지 않는 날이 어디 있으랴
아픔 없는 인간 어디 있으랴
상처 없는 영혼 어디 있으랴
세월은 발톱에 할퀸 자국으로 흉하더라도
바람 없이 향기가 어찌 멀리 가랴
상처 없이 맺은 열매가 무슨 맛이 있으랴

커피보다 쓴 유혹

하나의 의미는 다른 의미를 지우고
한 길을 선택 한다
들불 위에 바람 같았던 청춘
행여 뒤처질세라 옆도 둘러보지 않았던 젊음
나에게 맞지 않아 나를 버렸던 생활
진실이 끌어안았던 나를 외면한 오만
하루하루가 화살이 되어 오늘을 찔러오고
끝을 향한 시선은 걸음을 재촉한다
단맛에 지친 영혼
커피보다 쓴 유혹은
소태 같은 잔을 들고 휴식을 꿈꾼다
아무도 믿어주지 않는 자신
나를 세우기 위해 모든 것을 기울여버린 세상
세상을 바로 보기 위해 나를 기울인 시간
중력의 흔들림으로 울렁임을 못 이겨 토해낸 세월
이별은 커피보다 진한 향기를 내며
현실이 되어 마음 깊이 자리 잡고
꿈인 듯 창 너머 세상을 본다
스스로 외면한 오늘은 가치를 잃어버리고

미동도 않는 날들은 다시 해가 뜨고
쓰디쓴 유혹은 그것들을 하찮게 버려둔다
소태 같은 맛은 가득히
먹다 남긴 커피를 떠나지 못해 향기로
찻잔에 머문다.

혼자 걷는 길

가끔 찾아가던 길도
혼자 걸으면 낯설다
여기서 왼쪽인가
저기서 왼쪽인가
풍경도 달리 보이고
물어보면 옆에 있는 이가 대답해 줄 것 같은데
아직도 이 길이 맞는지
가야 할 길을 지나친 것이 아닌지
뒤돌아보고 뒤돌아보고
낯익은 모습에 안도하다
다시 앞으로 가면 다시 낯설고
기어이 길을 잘못 들어 뒤돌아 오고
다시 눈 익은 길을 찾으니
아까보다 더욱 낯설다
길은 어디엔가 있을 텐데
한두 번 갔던 길도 아닌데
혼자 걷는 길은
자꾸 낯설다.

투명하고 순결한 시혼(詩魂)으로 조명한 서정시학의 모티브

최병영 (시인 · 문학평론가)

1. 프롤로그

문학은 인생을 탐구하고 표현하는 탐구적 세계의 예술이다. 시는 시인이 체험을 통해 얻은 진실을 언어를 매개로 하여 표현하는 창조적 세계의 진실이다. 한 편의 시 창작을 위해 시인은 언어의 연금술사여야 한다. 시어는 사전적 의미에 창조적 의미가 가미된 것으로서 이는 무한한 상상력의 발현으로 이루어진다. 시는 함축적 언어로 축조하는 이미지(Image)의 집이다. 프랑스 시인이자 비평가인 발레리(Paul Valery)는 "현대시의 80%는 이미지로 그려진다."고 진단했다. 이미지는 심상(心象)이나 표상(表象)으로서 사물에 대하여 마음에 떠오르는 직관적 인상을 말한다. 이는 시의 효율적인 의미전달과 더불어 대상을 구체적이고 생동적으로 표현하며 내면심리를 효과적으로 표현하는 기능을 갖는다. 시 창작을 이루는 3요소는 시적자아와 시적대상과 언어이다. 시적자아는 주제를 효과적으로 표현하기 위해 의도적으로 설정된 인물을 말한다. 시적자아는 시인이 자아세계를 확장할 수 있는 장치이다. 시인은 시적자아를 통해 시의 통일성을 이루고 일관성 있는 표현을 기하며 시의 배경 묘사와 작중인물에 대한 정보를 제공한다. 시인은 시적대상과 감정이입을 통해 면밀히 일체화되면서도 때로는 일정거리를 유지해야 한다. 시적대상과 너무 밀접한 지근거리에서는 대상의 본질이 보이지 않기 때문이다. 시의 언어는 신선하고 생동적이며 창의적이어야 한다. 직설적이고 일상적인 언어의 표현을 넘어서서 정서적이고 암시적인 시적표현으로 감정절제를 이루어야 한다. 본질적으로 시는 자아와 세계의 화해를 도모하는 문학이다. 부드럽고 포용적인 의식으로 시적자아와 외부세계, 외부세계와 외부세계가 부딪치면서 생기는 상처를 어루만지는 치유의 문학이다. 이것이 서정시가 지니는 본래의 관성이다. 시는 새로운 세계의 창조를 위해 철학과 이성과 정서를 바탕으로 하는 인간정신의 총체적 반영이다. 시는 순결한 영혼의 숨결로 결실하는 창작물이다. 시는 인간 삶의 내면을 직시하는 깊은 사유와 이해에서 완성된다. 그리고 그런 작품이 시의 본령을 이루며 참된 가치를 지니게 된다. 시는 상상력으로 창조하는 심미적 의식의 발현이다.

2. 일상적 삶의 체험과 보편적 사유로 통찰한 성찰의 메아리

박민식 시인에게 있어 시는 일상적 삶의 체험과 보편적 사유의 결집으로 형성된다. 본질적으로 박민식 시인의 창작물은 화려한 기교나 수사를 동원하지 않고 이야기하듯 자연스러운 시어로 의미를 규명하고 풀어나간다. 시인은 시작(詩作)의 일련 과정을 통하여 순박한 시선으로 다양한 외부세계의 참모습을 조감하고 이를 가치 있게 펼쳐놓는다. 시종 잔잔한 어조로 이야기하고자 하는 주제를 명징하게 형상화하는 과정을 보이고, 서정성과 유관한 소재로 육화(肉化)하는 과정에서 밀도 높게 실존적 자아를 투영한다. 박민식 시인의 정신세계는 맑고 밝고 따뜻하다. 현실세계 속에서 촉발된 인간의 부조화와 불합리, 모순 등을 극복하기 위해 채화(採化)된 시어들이 실존에 뿌리를 내리면서 감각적 영상으로 결실된다. 박민식 시인이 상재(上梓)한 시집 『커피보다 쓴 유혹』은 사유의 체계를 중심테마로 설정하여 현상의 모순적 가치와 불합리를 타개하고 이상세계를 지향하는 순수의식의 결집을 담은 작품집이다. 꾸밈없는 의식의 투명성과 작위적이지 않은 순박한 언어의 융합으로 순수한 영혼의 자아상(自我像)을 그린 작품들이 시집의 갈피를 장식한다. 이에는 '돌아봄'과 '규명함'의 이원적 가치체계 구조가 진솔한 자아성찰로 이어지며 메아리를 형성하는 특징을 보여준다.

하루하루가 화살이 되어 오늘을 찔러오고
끝을 향한 시선은 걸음을 재촉한다
단맛에 지친 영혼
커피보다 쓴 유혹은
소태 같은 잔을 들고 휴식을 꿈꾼다
아무도 믿어주지 않는 자신
나를 세우기 위해 모든 것을 기울여버린 세상
세상을 바로 보기 위해 나를 기울인 시간
중력의 흔들림으로 울렁임을 못 이겨 토해낸 세월
이별은 커피보다 진한 향기를 내며
현실이 되어 마음 깊이 자리 잡고
꿈인 듯 창 너머 세상을 본다
스스로 외면한 오늘은 가치를 잃어버리고
미동도 않는 날들은 다시 해가 뜨고
쓰디쓴 유혹은 그것들을 하찮게 버려둔다
소태 같은 맛은 가득히
먹다 남긴 커피를 떠나지 못해 향기로
찻잔에 머문다.

—「커피보다 쓴 유혹」 일부

인간의 가치와 철학은 틈바귀의 이음새에서 충돌한다. 때때로 상호 진리와 규범의 방향성이 엇갈리기 때문이다. 시적자아는 내부에서 충돌하는 가치관 중에서 하나의 의미를 지우고 다른 한 길을 선택한다. 마치 로버트 프로스트(Robert Frost)의 서정시 「가지 않은 길」이 연상된다. 프로스트의 시 「가지 않은 길」은 자신의 선택에 따라 경험하지 못한 다른 인생의 가능성을 숲속의 갈라진 오솔길에 빗대어 비유하고 관조하는 내용을 담고 있다. 이 시는 '길'을 소재로 하여 사색과 인생에 대한 성찰을 드러낸다. 시적화자는 인생의 두 갈래 길 중 어느 하나만 선택해야 하는 상황에서 사람이 덜 다닌 길을 선택함으로써 미지의 세계에 대한 호기심을 추구하는 주체적 양상을 보여 준다. 시적자아는 자신이 가지 않은 길에 대한 아쉬움과 미련을 드러내지만, 자신의 선택이 만들어 낸 인생의 모습을 그대로 수용하는 자세를 보여줌으로써 선택에 책임지는 삶의 자세가 중요함을 암시한다. 박민식 시인은 표제시 「커피보다 쓴 유혹」에서 복합적이고 다채로웠던 삶의 질곡과 단상들을 질박한 언어로 여과 없이 토로한다. 이는 '하루하루가 화살이 되어 오늘을 찔러오는' 상황이나 '소태 같은 잔을 들고 휴식을 꿈꾸는' 정황과 '중력의 흔들림으로 울렁임을 못 이겨 토해낸 세월' 등의 절실하고 입체적인 표현에서 여실히 입증되고 있다. 누구에게나 삶은 외롭고 고달픈 실체이다. 조금치도 해찰하지 않고 줄기차게 외길을 걸으면서 가쁜 호흡을 몰아쉬며 경직되고 긴장된 걸음을 재촉해야 한다. 이 길에서 맞닥뜨린 '커피나 소태보다 쓴 유혹'에 지친 시적자아의 영혼은 안락한 휴식을 꿈꾼다. 시적자아는 '나를 세우기 위해 모든 것을 기울인 세상'과 '세상을 바로 보기 위해 기울인 시간'의 현실 속에서 꿈인 듯 창 너머로 그 세상을 응시한다. 창밖으로는 어제처럼 해가 뜨고 치열했던 삶의 순환도 지속된다. 이와 같은 인생의 길에 대한 의문과 낯섦에 대한 반추의식은 그대로 시인의 다른 작품 「혼자 걷는 길」로 전이되어 정서적 일관성을 이룬다.

아직도 이 길이 맞는지
가야 할 길을 지나친 것이 아닌지
뒤돌아보고 뒤돌아보고
낯익은 모습에 안도하다
다시 앞으로 가면 다시 낯설고
기어이 길을 잘못 들어 뒤돌아 오고
다시 눈 익은 길을 찾으니
아까보다 더욱 낯설다
길은 어디엔가 있을 텐데
한두 번 갔던 길도 아닌데
혼자 걷는 길은
자꾸 낯설다.

—「혼자 걷는 길」 일부

우리에겐 익숙하지만 익숙하지 않은 길이 있다. 아니, 어쩌면 익숙해질수록 더욱 익숙하지 않은 길이 되어가는 지도 모른다. 매일 다닌 익숙한 길도 어둠 속에서나 지하에서 지상으로 이동했을 때 우리는 방향감각을 상실하고 주춤거릴 때가 많다. 길이 낯익어 안심하다가도 다시 앞으로 가다 보면 어느 한순간에 낯설어지는 게 인생의 길이 보여주는 속성이다. 그런 정황에서 시적자아는 자꾸만 뒤돌아보고, 때로는 뒤돌아가다가 다시 돌아오며 방황한다. 혼자 걷기 때문이다. 그 길이 확신할 수 없는 길이기 때문이다. 인생의 길을 혼자 걸어야 하는 것은 숙명적인 일이다. 어느 누구도 시적자아가 걸어가는 인생의 길을 대신하여 걸어가 줄 수 없다. 혼자서 걷는 길엔 수시로 진눈깨비 내리고 비바람

불어 통행을 방해할 것이다. 시적자아는 전력을 기울여 그렇게 엄습하는 악천후를 뚫고 현재 시점까지 걸어왔을 것이다. 그리고 안개와 어둠에 덮여 질척거리는 그 길은 줄곧 불명확한 미래로 이어져 갈 것이다. 그 길을 따라 미지의 세계를 향해 걷는 것이 인생이고 인간의 삶이다.

3. 따뜻하고 포근한 가족애와 그리운 고향에의 향수

좋은 시는 그 자체로서 왕성한 생명력을 지닌다. 시의 행과 구절은 유기적 체계로서 다채로운 변용과 변주가 가능하다. 시의 전개유형은 시인의 개성과 역량에 따라 다양한 모습을 보여준다. 시 창작을 위해 시인은 부단히 번민하고 갈등하고 사유하며 결실을 위한 진통의 과정을 극복해간다. 시인이 시 창작에 있어 밀도 높은 함축성과 깊은 사유, 예지와 통찰력이 화학적으로 융합할 때 좋은 시는 탄생한다. 겉으로 내보일 수 없는 감상의 편린들을 작품으로 정제하여 형상화하는 작업은 숙연한 일이다. 참신한 시는 항시 구체성과 창의성, 선명한 이미지와 신비로운 여백의 공간을 잘 조율하고 참신한 언어로 깊은 내면의 흐름을 결집해야 한다. 감명 깊은 시는 문학적 가치가 높고 함축적 언어, 비유와 상징, 철학적 정신, 운율과 이미지, 주제가 선명한 시이다. 박민식 시인의 작품집 『커피보다 쓴 유혹』에 담긴 시 중에서 다음 작품은 유난히 관심과 눈길이 집중되는 시이다.

산기슭 멈춰선 연기를 따라 굴뚝을 내려가면
부엌에서 어머니가 여덟 식구 밥을 한다
잿불에 익어 가는 감자를 기다리며
삼십 촉 백열등 아래 누이가 쪼그려 책을 읽고
막내는 부엌 바닥에서 동무들과 놀던 여운으로
혼자 공기놀이를 하며 노래를 한다
밥 짓는 불로 다려진 온돌방엔
할머니가 화투로 재수(財數) 패를 두고
야간 근무를 하신 아버지가 주무시고 계신다
누나는 물 길러 우물에 가서 아직 오지 않고
형은 혼자 건넌방에서 공부를 한다
오십천 강가에서 지치도록 놀다가
굴뚝 연기 따라 집으로 온 나
밥 짓는 냄새 맡으며 엄마 곁에서 잠이 든다
저녁연기는 나를 그리로 데리고 간다
어머니 집에서 천 리 떨어진 곳
산기슭에 멈춰선 연기가
오십 년 전 그리로 데리고 간다.

—「굴뚝 연기」 전문

어머니는 도끼로 닭을 잡았다
나더러 닭 몸통을 잡으라 하고
닭대가리를 한 손으로 누르고 도끼로 탁하셨다
잠시 손안에서 퍼덕이던 닭은 피를 뿌리고 금세 죽었다
나는 닭 잡는 것을 참 쉽다고 알고 있었다
문득 키우던 닭을 잡아먹으려고 도끼를 장만하고
날개를 끈으로 묶고 자식 놈보고 몸통 붙잡으라 하고
닭대가리를 누르고 도끼를 들고 내려치는데
도끼가 도무지 내려가질 않는다.

마누라를 불러 내려치라 하니
도끼를 내던지고 집안으로 들어 가버린다
아들놈보고 내려 치라하니 치킨 시켜 먹자 한다
혹시 알을 낳을지도 모르니 더 키워보자 하고
그날은 양념통닭 시켜 먹었다
닭 잡는 일이 이리 진땀 나는 일인지는 모르고
그때는 닭 잡아 삶는 일이 예사로
재미있기만 하였다.

—「한 오십 년 된 기억 3」 전문

대가족제도가 일반적인 거주 형태였던 시절의 이야기가 한 편의 동화처럼 펼쳐진다. 비록 가난하지만 온 식구가 옹기종기 모여 사는 집안에는 구들장처럼 항상 따뜻하고 포근한 생의 온기가 있었다. 그곳에는 고향과 어머니에 대한 그리움과 향수의 정서가 있고 훈훈하고 끈끈한 가족애의 추억이 온전히 자리하고 있다. 고향과 어머니는 통시적 시간을 넘어 영원히 지속될 시의 중심 화소(話素)로서 애틋한 시적제재로 작용할 것이다. 번잡하고 무질서한 듯이 보이는 대가족제도의 일상생활에서도 밥상머리 교육은 진지하고 철저했다. 시적자아가 살아왔던 오십 년 전의 아름다운 이야기이다. 초가집 굴뚝에서 모락모락 피어오르는 어스름 녘의 밥 짓는 연기는 못 견디게 향수의 열병을 앓게 하는 지배적 소재이다. 부엌에선 어머니가 여덟 식구 밥을 짓고, 잿불에 감자가 익어가길 기다리는 누이는 백열등 아래에서 책을 읽고, 막내는 공기놀이를 하며 노래를 부른다. 온돌방에선 할머니가 화투로 재수 패를 두고, 야간근무하고 돌아오신 아버지가 주무신다. 누나는 물 길러 가서 아직 돌아오지 않고, 형은 건넌방에서 혼자 공부를 하고, 시적자아는 오십 천에서 지치도록 놀다 집으로 돌아와 밥 짓는 구수한 냄새를 맡으며 잠이 든다. 적이 평화롭고 아늑한 시골집의 일상적 정경이 연상된다. 무한히 안락하고 다정스런 한 가정의 평화와 수수하고 포근한 생활상이 한 편의 수채화처럼 아름답게 펼쳐진다. 무심한 세월이 오래 전에 앗아간 옛날 고향의 그리운 정경이다.

그 시골집에서 닭을 잡는다. 어릴 적, 어머니는 시적자아에게 몸통을 잡으라하고 도끼로 닭을 잡았다. 일상생활에서 예사로 전개되던 전통방식의 닭잡기 방식이었다. 원시적이고 야만스런 정경이지만 그때는 미처 깨닫지 못했던 일이다. 닭 잡는 것이 참 쉬운 일로 여겨지던 때의 추억담이다. 어느 날, 성인이 된 시적자아는 직접 집에서 기르던 닭을 잡게 된다. 그때의 어머니처럼 도끼를 준비하고 닭의 날개를 끈으로 묶고서 아들에게 몸통을 붙잡게 했으나 도무지 도끼로 내려칠 수 없는 갈등을 겪는다. 아내를 불러 대신 도끼로 내려치도록 요구했으나 아내는 이내 도끼를 내던지고 집안으로 들어가 버린다. 아들에게 내려치라하니 그냥 치킨을 시켜 먹자고 한다. 닭을 죽일 수 없는 불가항력적 상황인식은 '혹시 알을 낳을지도 모르니 더 키워보자' 는 그럴듯한 이유로 합리화된다. 그저 예사로운 일로 인식했던 닭 잡는 일은 실상 매우 진땀나는 일이었음을 깨닫는다. 닭 잡는 정경의 희극적 구성과 정황묘사가 무척 재미있게 전개된다. 그냥 가볍게 웃어넘기기에는 작품내

용이 시사(示唆)하는 의미가 매우 의의 깊고 가치 있으며 진중하다. 닭은 생명을 지닌 동물이다. 숨 쉬는 생명체를 아무 감각 없이 몰인정하게 죽일 수 없는 시적자아의 생명존중 의식이 무겁게 느껴진다. 모든 생명체는 존중받으며 더불어 살아갈 권리를 지닌다. 인간생명조차 극단적으로 무시하고 경시되며 끔찍한 일들이 비일비재하게 자행되는 작금의 현실에서 박민식 시인이 독자에게 던지는 생명존중의 화두(話頭)는 우리 모두가 몇 번이고 깊이 되새겨 음미해볼만 하다.

4. 순수서정으로 돌아본 설날의 회억(回憶)과 동화적 세계의 구현

시는 고정화되고 굳어버린 인식을 타파하고 자유로운 삶을 추구하는 인간정신의 표현이다. 그러기에 이는 바로 일체의 억압과 권위로부터 탈피하고 인간본연의 참된 가치를 획득하여 축적하고자 하는 자유정신과 상통한다. 이를 위해 온유한 어조로 쓰인 시가 감성을 자극하고 반성으로 유도하는 뚜렷한 힘을 지닌다. 이 과정에서 중요한 것은 그 관념이 경직되지 않고 얼마나 유연한 것인가 하는 점이다. 시는 외부세계를 자신만의 고유한 내면세계로 끌어와 표현하는 심리적 예술이다. 시인은 이러한 교감을 감각적으로 표현하기 위해서 미적 정감을 촉발하는 이미지나 비유 등의 기법을 동원한다. 시의 이미지는 내면과 사물이 합성해내는 광학물(光學物)이다. 이미지는 순간적으로 시간을 초월하여 찬연하게 빛나는 발광체이다. 이미지는 감각적으로 눈에 보이지 않으면서도 목전에 일어나는 현상처럼 영상물을 촉발해내는 특성을 지닌다. 이미지는 시의 혈맥에 신선한 산소를 공급하는 역할을 수행한다. 감각과 보편적 정서가 합일된 이미지는 독자에게 공감을 제공하는 핵심요소이다.

알밤 대추에 눈독 들여 자정까지 버텼는데
언제 잠이 들었는지
절도 못 하고 차례상은 치워지고
비춰주는 거울을 보니 눈썹이 하얗다
세수도 못 하고 퉁퉁 부어 아침상에 앉으니
여기저기 웃음꽃이 피는데
나는 눈썹이 쇠어
세뱃돈 못 받을까 걱정이 태산이다
지금은 다른 걱정으로 자려고 해도 잠을 못 자
눈썹이 하얗게 센다
처음 눈썹이 하얗게 세던 그날과 한해씩 멀어져
머리가 하얘진
이제는 먼 섣달그믐.

—「그날엔 눈썹이 하얗게 세네」 일부

별에서 보면
지구가 별이란다
저 별에도 나라는 사람이 살아
이 별에 사는 나를 바라보고 있겠지
그 별의 하늘을 보며
별 하나 나 하나

별 둘 나 둘
별들을 세고 있겠지
별에 사는 나를 세고 있겠지

—「별」 전문

어두운 곳에서 반짝이는 별이 되리라
누군가 그 별을 보고 어둠을 견디고
누군가 그 별을 보고 길을 찾으리
밝게 비춰주진 못하지만
다른 별과 별자리를 이루고
항상 거기에 있으리라
누군가의 별이 되어
누군가의 어둠에
빛이 되리라

—「별이 되리라」 일부

누구에게나 추억은 소중하다. 그것은 그리움으로 반추하는 아름다운 영상의 한 장면으로 잔존한다. 어린 날, 설날은 가장 가슴 설레며 손꼽아 기다리던 명절이다. 설날에는 설빔으로 새 옷을 입을 수 있고 맛있는 음식도 먹을 수 있으며 세뱃돈을 받을 수 있는 날이기 때문이다. 나이를 한 살 더 먹는 것도 뿌듯한 일이었다. 어른들은 섣달 그믐날 밤에 잠을 자면 눈썹이 하얗게 세진다고 했다. 그러기에 잠을 자지 않으려고 성냥개비로 눈썹을 받치고 기를 쓰며 잠을 참아내려 애썼다. 눈썹이 쇠면 세뱃돈을 받지 못하기 때문이다. 그러나 정작 차례상에 절도 못 하고 어느 결엔가 스르르 잠이 들어 눈썹이 하얗게 세어버렸다. 잠든 사이 어른들이 장난질을 친 것이다. 전통적 풍속을 바탕으로 동화같이 전개되는 세속의 이야기가 많은 공명을 일으킨다. 시적자아는 이제 처음 눈썹이 세었던 그날과 한해씩 멀어지는 세월의 흐름 속에서 눈썹과 더불어 머리까지 하얗게 세어지고 있다. 시에 전반적으로 드리워진 까마득한 옛날에 대한 회억과 정황묘사가 가슴을 뭉클하게 한다. 이 시는 시적자아가 현재에서 과거로, 과거에서 다시 현재로의 역순행적 구조에 따라 시선을 이동하며 어렸을 때와 현재의 자아를 대비하여 변화상을 그리고 있다. 이에는 천진난만(天眞爛漫)하고 순수했던 어렸을 적 과거시제와 번민과 갈등으로 밤을 지새우는 현제시제의 자아상이 대칭적으로 대비되어 화소의 중심축을 이루고 있다. 과거는 회귀할 수 없는 불가역적 영역이다. 그러기에 그 시절의 일상적 삶과 생활의 이야기는 그만큼 소중하고 값지며 애틋한 것이기도 하다.

시적자아의 동화 속 주인공 같은 천진하고 해맑았던 모습은 별을 소재로 한 일련의 작품에서도 그대로 전이(轉移)되어 형상화하고 있다. 시 「별」에는 티 없이 맑고 순수한 시적자아의 모습과 무한한 상상이 자리하고 있다. 지구에서 바라보는 천체가 별이듯이 별에서 바라보는 지구도 또 하나의 별이다. 시적자아는 천체의 별에도 또 다른 자아가 살아 지구라는 별에 사는 자아를 바라보고 있으리라 상상한다. 별이라는 신비로운 주체와 꿈꾸듯 펼쳐지는 동화적 세계의 상상이 절묘하게 조화되어 시작품으로 형상화되고 있다. 밤하늘을 보며 별과

자아를 세는 어린아이의 무구(無垢)한 모습이 긴 여운을 지니며 감각적 영상으로 비쳐진다. 이와 달리 별을 소재로 하는 다른 시 「별이 되리라」는 시적자아의 간절한 소망을 담은 작품이다. 시적자아는 간절히 어두운 곳에서 반짝이는 별이 되고자 하는 소망을 견지(堅持)한다. 그렇게 별이 되어 누군가에게 어둠을 견디게 하고, 누군가에게 길을 찾게 하는 실체적 존재자로서의 꿈을 드러낸다. 그렇게 '누군가의 별이 되어/ 누군가의 어둠에/ 빛이 되고자' 하는 소망을 의지적으로 표방한다. 이는 대단히 숭고한 이타적 헌신의 표출이고 박애주의적 휴머니즘 의식의 구현이다. 이와 같은 의지는 자아충족을 위한 욕망과 집착에 사로잡히는 본능적이고 원시적인 인간 욕구에 대한 중대한 경종이고, 바람직한 삶의 가치와 의미를 명징하게 밝혀주는 도덕경의 한 경구(警句)라 할만하다.

5. 종교적 기구(祈求)와 구도로 축조한 절대성과 불변성의 진리

종교는 초자연적인 절대자의 힘에 의존하여 인간생활의 고뇌를 해결하고 삶의 궁극적 가치를 추구하는 문화체계를 이른다. 이는 원시종교를 포함하여 현대를 풍미하는 각종 종교의 개체에 이르기까지 여러 종류와 형태를 지닌다. 선인들이 지녔던 영혼숭배 사상은 오래된 원시종교 현상의 한 잔존물이라기보다는 사회체계와 상징체계가 관련되어 있는 문화의 한 요소로 인식된다.

박민식 시인은 종교에 대한 절대성과 불변성의 신념을 지고한 가치로 고착화하길 서슴지 않는다. 그의 시에 형상화된 내면적 속살을 살피면 그 신념은 절대자에 대한 무한적 권위와 무조건적 헌신을 불변의 진리로 삼고 있음을 이해할 수 있다. 종교는 무조건적인 믿음과 신뢰를 전제로 하여 구현되는 숭엄한 정신활동이다.

내가 주님 하니
바오로야 억울해도 참아라 나도
억울하다 하신다

내가 주님 하니
바오로야 슬퍼하거라 나도
눈물이 난다 하신다

내가 주님 하니
바오로야 그래도
용서해야 한다 하신다

내가 주님 하니
바오로야 걱정하지 말아라
나와 같이해보자 하신다.

—「내가 주님 하니 1」 일부

내가 주님 하니
바오로야 내려 가거라 하신다
다시 내가 주님! 하니
바오로야 더 내려 가거라 하신다

또다시 내가 주님!! 하니
바오로야 너는 한 발자국도 움직이지 않았다
더 내려 가거라 하신다

내가 주님 하니
바오로야 나에게 내려놓고 비우고 벗어놓고 가거라 하신다
내가 너를 들어주고 채워주고 입혀 주리니
그들에게 가거라 하신다.

—「내가 주님 하니 2」 전문

종교적 믿음은 무한한 헌신과 사랑의 구축으로 승화된다. 절대자는 그 자체가 근원이고 완전한 존재이다. 시인의 글 중에는 종교적 테마를 작품에 용해하여 기구(祈求)하고 구도하는 염원을 그린 작품이 많다. 이에 대해 일찍이 엘리어트(T.S. Eliot)는 '종교적 관념은 문학의 위대성과는 관계가 있지만 문학과는 관계가 없다.' 고 간파했다. 종교적 관념을 그대로 노출하면 그것은 문학이 아니라 설교가 되기 때문이다. 기쁨과 감사는 종교적 신앙의 대표적 관념이다. 박민식 시인의 작품 중 연작시 형태의 앞 시에는 시적자아의 감정을 절제한 객관적 물음과 응답자의 주체적 대답 사이 행간에 많은 무언(無言)의 의미가 농축되어 있다. 그것은 시적자아와 절대자 사이에 형성되는 정서적 동질감이기도 하고 숭엄한 가르침이기도 하며 새로운 깨달음이기도 하다. 두 편의 시 전반에 걸쳐 시적자아가 지닌 절대자와의 일체감과 동일성이 강한 어조를 이루며 시의 내면적 기류를 형성하는 공통적 특징을 보인다. 박민식 시

인의 시집 『커피보다 쓴 유혹』에는 시적자아의 종교적 귀의 의지와 구도적 행위를 시의 중심 모티브(motive)로 삼은 작품군이 시집의 중심축을 형성하는 특징을 보이고 있다.

6. 에필로그

시인은 무한한 가능태로서 철학과 사유의 총합을 모태로 삼는 존재이다. 시인은 생의 저변에 축적된 번민과 회의를 통해 심층적 의미를 채록하는 술사(術士)이다. 시는 의미 있는 진통의 결실에 의해 탄생한다. 박민식 시인의 시집 『커피보다 쓴 유혹』에 담긴 작품군에 나타난 시의 특징을 대별하면 다음과 같은 공통점을 추출할 수 있다.

첫째, 박민식 시인의 작품들은 화려한 기교나 현란한 수사를 동원하지 않고 이야기하듯 자연스러운 시어로 의미를 풀어나간다. 시인은 시작(詩作)의 일련 과정을 통하여 순박하고 투명한 시선으로 다양한 외부세계의 참 모습을 조감하고 이를 가치 있게 펼쳐놓는다. 시종 잔잔한 어조로 이야기하고자 하는 주제를 명징하게 형상화하는 시적기법을 보여준다. 둘째, 시의 내면에 애틋한 그리움과 따뜻하고 부드러운 정서를 응축하여 농밀하게 조명한다. 메마르고 각박한 현실 속에서 순연한 전통의 가치와 순박한 추억의 세계를 조감함에 있어 이를 동경하는 시선과 의식이 매우 그윽하다. 셋째, 투명하고 맑은 시혼으로 순박하고 진솔한 시적세계를 구현하며 각박한 현실의 갈등과 번민을 질박한 감성의 이미지로 표백함으로써 순도 높은 시작품을 구현한다. 시적 자아가 살고 있는 현실에서 이루지 못한 꿈을 확장하기 위하여 수묵화처럼 고요하고 담백한 정적인 세계를 그리움으로 덧칠하여 표상한다. 넷째, 난해성을 극복하고 통상적 언어로 접맥한 시는 독자의 접근성이 용이하고 가독성을 증대시키며 원활한 이해력을 돕는다. 독자들에게 거부감 없이 읽혀지는 시편은 반복되는 삶의 양상과 그것들의 공간적 광장에서 파생되는 내적 충만의 자유로운 자아성찰로서 존재론적 자아상을 그린다. 다섯째, 절대자에 대한 종교적 신념과 귀의 의지를 강렬히 표방한다. 연작시 형태의 종교작품을 통하여 현상적 존재의 본질을 투시하고, 검박하고 순결한 의식으로 통찰하여 작품의 내면적 질감을 고양함으로써 고매한 정신세계의 반열(班列)을 구축해간다.

박민식 시인의 『커피보다 쓴 유혹』 시집 상재(上梓)를 진심으로 축하하며, 앞으로도 무한한 문학적 성취와 함께 굳건한 건필로서 크나큰 광영을 성취하길 염원한다.

문학세계대표작가선 873

커피보다 쓴 유혹

박민식 시집

인쇄 1판 1쇄 2018년 12월 7일
발행 1판 1쇄 2018년 12월 14일

지 은 이 : 박민식
펴 낸 이 : 김천우
펴 낸 곳 : 도서출판 천우
등 록 : 1992. 2. 15. 제1-1307호
주 소 : 서울시 성동구 무학봉28길 6 금용빌딩 2F
전 화 : 02)2298-7661
팩 스 : 02)2298-7665
http://moonhak.wla.or.kr
E-mail : chunwo@hanmail.net

값 10,000원

이 책은 당진문화재단 사업비로 제작되었으며 「2018 당진올해의문학인」 선정작품집입니다.

ISBN 978-89-7954-745-0

이 도서의 국립중앙도서관 출판예정도서목록(CIP)은 서지정보유통지원시스템 홈페이지(http://seoji.nl.go.kr)와 국가자료공동목록시스템(http://www.nl.go.kr/kolisnet)에서 이용하실 수 있습니다. (CIP제어번호: CIP2018039397)